Lucas Zanga

TROUVER UNE FEMME A ÉPOUSER N'EST PLUS SI FACILE DE NOS JOURS

Lucas Zanga

TROUVER UNE FEMME A ÉPOUSER N'EST PLUS SI FACILE DE NOS JOURS

N'est Plus Si Facile De Nos Jours

Éditions Croix du Salut

Imprint

Any brand names and product names mentioned in this book are subject to trademark, brand or patent protection and are trademarks or registered trademarks of their respective holders. The use of brand names, product names, common names, trade names, product descriptions etc. even without a particular marking in this work is in no way to be construed to mean that such names may be regarded as unrestricted in respect of trademark and brand protection legislation and could thus be used by anyone.

Cover image: www.ingimage.com

Publisher:
Éditions Croix du Salut
is a trademark of
Dodo Books Indian Ocean Ltd. and OmniScriptum S.R.L publishing group

120 High Road, East Finchley, London, N2 9ED, United Kingdom
Str. Armeneasca 28/1, office 1, Chisinau MD-2012, Republic of Moldova, Europe
Managing Directors: Ieva Konstantinova, Victoria Ursu
info@omniscriptum.com

Printed at: see last page
ISBN: 978-620-6-17111-9

Remerciements

Je tiens à exprimer ma plus profonde gratitude à toutes les personnes qui ont contribué à la réalisation de ce projet d'édition de mon livre. Vos encouragements, vos conseils et votre soutien ont été essentiels tout au long de ce parcours.

Je souhaite adresser un remerciement tout particulier à mon éditrice, Mme Dominique EPopa, dont l'expertise et la vision ont été déterminantes dans la transformation de mes idées en un ouvrage cohérent et enrichissant. Sa patience, son professionnalisme et son dévouement ont grandement facilité le processus d'écriture et d'édition.

À tous ceux qui ont partagé leurs réflexions, leurs critiques constructives et leur soutien moral, merci de croire en moi et en ce projet. Votre contribution a été inestimable et je suis honoré de pouvoir partager ce livre avec vous.

Avec reconnaissance,

Révérend Pasteur Lucas ZANGA

Avant-propos

La compréhension du mariage et des relations amoureuses doit également évoluer. Les défis contemporains, tels que les attentes irréalistes, la peur de l'engagement et les influences socioculturelles, rendent la recherche d'un partenaire sérieux plus complexe que jamais. Cependant, cela ne doit pas nous décourager. Au contraire, nous avons l'opportunité de retourner aux racines de nos croyances et de redécouvrir les principes divins qui sous-tendent le mariage.

Ce livre est un appel à la réflexion, à la prière et à la réévaluation de nos attentes. À travers les chapitres, nous aborderons des questions essentielles telles que la dimension spirituelle du mariage, les obstacles à la rencontre, et bien sûr, la procédure du mariage selon Dieu. En nous appuyant sur les Saintes Écritures, nous explorerons comment ces enseignements peuvent offrir des solutions aux défis modernes que rencontrent tant de couples.

Préface

La recherche d'une femme vertueuse à épouser est un voyage à la fois passionnant et complexe, qui traverse les âges et les cultures. Dans cet ouvrage, j'ai souhaité explorer les divers aspects de cette aventure, des défis contemporains auxquels les couples font face aux principes éternels qui régissent l'union conjugale selon les Saintes Écritures. Alors que le monde moderne présente des obstacles inédits à la rencontre de l'âme sœur, il est essentiel de se rappeler que l'amour véritable, fondé sur des valeurs solides et une foi inébranlable, peut surmonter toutes les épreuves.

Ce livre vise à offrir une perspective équilibrée et éclairée sur les relations amoureuses, en se fondant sur des récits bibliques, des témoignages contemporains et des principes spirituels. J'espère que chaque lecteur, qu'il soit sur le point de s'engager dans une relation ou déjà marié, trouvera des réflexions et des conseils pour enrichir son parcours amoureux.

Je suis profondément reconnaissant envers tous ceux qui ont contribué à la concrétisation de ce projet, en particulier à mon éditrice, Mme Dominique EPopa, et à tous les lecteurs qui se joignent à moi dans cette exploration.

Révérend Pasteur Lucas ZANGA

Introduction

Dans la Bible, le mariage est souvent présenté comme le symbole d'une alliance sacrée, une union destinée à durer jusqu'à la fin des temps. Les Proverbes nous rappellent que *« celui qui trouve une femme trouve le bonheur »* (Proverbes 18 :22),

Soulignant ainsi l'importance de cette quête. Pourtant, aujourd'hui, alors que les normes sociales se transforment et que les attentes individuelles évoluent, cette quête semble semée d'embûches.

Le Révérend pasteur Lucas Zanga nous guide avec sagacité à travers les méandres d'une problématique contemporaine qui transcende les simples histoires d'amour. En s'appuyant sur des références bibliques et des analyses sociologiques, il nous propose de réfléchir sur les défis du mariage moderne et sur la manière dont nous pouvons, avec foi et discernement, aborder cette quête essentielle.

Table des matières

CHAPITRE 1

LA DEFINITION DU MARIAGE A TRAVERS LE TEMPS

Le mariage, cette institution fondamentale qui régit les relations humaines depuis des millénaires, est bien plus qu'un simple contrat social ou un acte administratif. C'est un engagement sacré, ancré dans une série de valeurs culturelles, religieuses et morales qui transcendent les frontières géographiques et temporelles.

En tant que telle, la définition du mariage a évolué, se transformant pour s'adapter aux contextes sociaux, économiques et spirituels des différentes époques. Ce chapitre se propose d'explorer cette évolution, en se concentrant d'abord sur la vision du mariage dans l'Antiquité, pour ensuite examiner les changements de normes matrimoniales qui ont eu lieu au fil des siècles.

Le mariage dans l'Antiquité : Une institution sacrée

Dans les sociétés anciennes, le mariage était perçu comme un acte sacré, souvent lié aux croyances religieuses et aux rites sacramentels. Dans l'Égypte ancienne, par exemple, les unions étaient considérées comme des arrangements divins, où les dieux jouaient un rôle crucial dans la détermination des partenaires. Les cérémonies nuptiales étaient accompagnées de rituels destinés à assurer la bénédiction des divinités sur le couple, un concept que l'on retrouve dans de nombreuses civilisations.

L'Antiquité grecque, de son côté, a également mis en avant le mariage comme une institution essentielle. Les Grecs croyaient que le mariage était une obligation sociale et un moyen de garantir la continuité de la lignée. Les mariages étaient souvent arrangés par les familles, et les considérations d'affinité, de richesse et de statut social prenaient le pas sur les sentiments personnels.

Cependant, il est important de noter que, malgré cette approche utilitaire, des éléments d'amour et d'affection commençaient à émerger dans la littérature et la philosophie de l'époque. Les écrits de philosophes comme Platon et Aristote témoignent de la reconnaissance croissante de l'importance de l'amour dans le mariage, bien que cela fût souvent secondaire par rapport aux responsabilités sociales.

Dans le cadre du judaïsme ancien, le mariage était également teinté de sacralité. Les textes bibliques, notamment dans le livre de la Genèse, mettent en avant l'union entre l'homme et la femme comme un acte voulu par Dieu. *« C'est pourquoi l'homme quittera son père et sa mère, et s'attachera à sa femme, et ils deviendront une seule chair »* (Genèse 2 :24).

Cette vision spirituelle du mariage, où l'union physique est couplée à une dimension spirituelle, a eu un impact durable sur les conceptions matrimoniales dans les traditions judaïques et chrétiennes.

Les évolutions des normes matrimoniales au fil des siècles

Avec le passage des siècles, la définition du mariage a connu des transformations profondes, influencées par divers facteurs historiques, culturels et religieux. Au Moyen Âge, par exemple, le mariage a commencé à être encadré par des lois civiles et ecclésiastiques, consolidant son statut d'institution sacralisée. L'Église catholique a joué un rôle central dans cette évolution, en imposant des règles et des rituels qui légitimaient les unions. Le mariage est devenu non seulement un acte d'amour, mais aussi un contrat social et économique, où la dote et les alliances familiales prenaient une place prépondérante.

La Renaissance a apporté des changements significatifs, avec une redécouverte des valeurs humanistes qui ont promu l'importance de l'individu. Cette période a vu émerger une vision romancée du mariage, où l'amour et le choix personnel commencent à primer sur les arrangements familiaux. Cependant, cette évolution n'a pas été linéaire ; les conflits entre les traditions anciennes et les nouvelles aspirations ont souvent mené à des tensions sociétales.

L'époque moderne, qui s'étend depuis le XVIIIe siècle jusqu'à nos jours, a été marquée par des révolutions sociales et politiques qui ont redéfini le mariage. Les mouvements féministes, notamment, ont remis en question les paradigmes patriarcaux qui dominaient autrefois, plaidant pour l'égalité des sexes au sein de l'union conjugale. Le mariage est progressivement devenu un partenariat basé sur l'égalité et le respect mutuel, marquant un changement radical par rapport aux conceptions antérieures.

En outre, la montée de la sécularisation a également eu un impact considérable sur la définition du mariage. Dans les sociétés contemporaines, le mariage est souvent perçu comme une affaire plus personnelle, axée sur l'amour et le bonheur des partenaires, plutôt que comme un simple devoir social ou religieux. Les unions non conventionnelles, telles que les mariages entre personnes du même sexe, ont également mis en lumière la flexibilité croissante des normes matrimoniales, témoignant d'une évolution des mentalités face aux diversités d'orientation sexuelle et d'identité de genre.

Conclusion de ce chapitre

Ainsi, au fil des âges, la définition du mariage a été façonnée par des contextes culturels, religieux et sociaux variés. Ce qui a commencé comme une institution sacrée, reliant spirituellement les individus, s'est transformé en un partenariat complexe, influencé par des dynamiques tant personnelles que sociétales. Dans les sections suivantes de ce chapitre, nous explorerons plus en détail les implications de ces évolutions, en mettant l'accent sur les conséquences que ces changements ont eues sur la recherche d'une femme à épouser dans le monde contemporain.

CHAPITRE 2

LES DEFIS DE LA MODERNITE

À l'aube du XXIe siècle, le monde a connu des transformations sans précédent, marquées par l'essor des technologies, la mondialisation et des changements socioculturels profonds. Ces dynamiques ont non seulement façonné nos interactions quotidiennes, mais ont également redéfini les notions de relations et d'engagement, en particulier en ce qui concerne le mariage. Dans ce chapitre, nous examinerons les défis que pose la modernité à la quête d'une partenaire, en nous concentrant sur deux aspects majeurs : l'individualisme croissant et l'impact des réseaux sociaux sur les relations humaines.

Individualisme et quête de soi

L'individualisme, en tant que valeur centrale de la modernité, a radicalement modifié la manière dont les individus perçoivent leurs relations. Dans les sociétés traditionnelles, l'identité d'un individu était souvent définie par ses liens familiaux et communautaires. Le mariage était considéré comme une obligation sociale, un contrat qui liait les familles plutôt que les individus eux-mêmes. Cependant, l'ère moderne a vu l'émergence d'une conception de soi qui privilégie l'autonomie personnelle et l'épanouissement individuel.

Cette quête de soi, bien que bénéfique à bien des égards, a également engendré des défis. Les individus, en cherchant à réaliser leurs aspirations personnelles, peuvent tomber dans le piège de l'égoïsme et de l'isolement. La notion d'amour romantique, souvent idéalisée dans la culture populaire, peut créer des attentes irréalistes quant à la relation et à la partenaire. Ainsi, au lieu de considérer le mariage comme une union fondée sur le partage, la coopération et l'engagement mutuel, beaucoup peuvent aborder cette institution avec une mentalité de consommation, cherchant à maximiser leurs propres désirs plutôt qu'à construire une vie commune.

De plus, l'individualisme exacerbe les craintes liées à l'engagement. Dans un monde où le choix et l'option sont omniprésents, la peur de faire le *"mauvais choix"* devient un obstacle de taille.

Cette appréhension peut conduire à une sorte d'anxiété relationnelle, où les individus hésitent à investir pleinement dans une relation de peur de perdre leur autonomie ou de ne pas être à la hauteur des attentes. Cette dynamique complique la recherche d'une partenaire, car elle crée une approche transactionnelle des relations, où l'on pèse les avantages et les inconvénients de chaque interaction, rendant difficile l'établissement de liens profonds et authentiques.

L'impact des réseaux sociaux sur les relations

Parallèlement à l'individualisme, l'essor des réseaux sociaux représente un changement majeur dans la façon dont les gens interagissent et construisent leurs relations.

Les plateformes comme Facebook, Instagram, Tinder et bien d'autres ont redéfini les mécanismes de rencontre et de communication, permettant aux individus de se connecter instantanément à travers le monde. Cependant, cette facilité d'accès s'accompagne de défis significatifs qui affectent la manière dont les gens s'engagent dans des relations amoureuses. Tout d'abord, les réseaux sociaux favorisent une culture de la superficialité.

Les utilisateurs sont souvent exposés à des images soigneusement construites de la vie des autres, créant une illusion de perfection qui peut influencer leurs attentes dans le mariage.

Cette quête de validation par le biais de "likes" et de commentaires peut amener les individus à rechercher des partenaires en fonction de critères superfétatoires, tels que l'apparence physique ou le statut social, plutôt que sur des fondements plus profonds comme les valeurs communes ou la compatibilité émotionnelle.

De plus, la communication numérique peut nuire à la qualité des interactions humaines.

Les échanges en ligne, bien qu'efficaces, manquent souvent de nuances émotionnelles présentes dans les interactions en personne. Les malentendus peuvent facilement se produire, et la complexité des émotions humaines peut être réduite à des émoticônes et des messages fragmentés.

Dans ce contexte, il devient difficile de construire une intimité authentique, essentielle pour un mariage durable.

Par ailleurs, les réseaux sociaux peuvent engendrer des sentiments de jalousie et d'insécurité. La surabondance d'informations sur les activités et les relations des autres peut exacerber les comparaisons sociales, amenant les individus à douter de la solidité de leur propre relation.

Ce phénomène peut créer un climat de méfiance, rendant chaque partenaire vulnérable aux doutes et aux craintes, ce qui nuit à la stabilité du couple.

Enfin, l'accessibilité des rencontres en ligne a conduit à la banalisation des relations. Les applications de rencontre, en offrant un éventail apparemment infini de choix, peuvent donner l'illusion d'un marché des partenaires.

Les individus, en naviguant parmi de nombreuses options, peuvent développer une attitude de consommation envers l'amour, changeant de partenaire comme on changerait de produit. Cette dynamique peut rendre le véritable engagement de plus en plus rare.

Conclusion de ce chapitre

Dans ce contexte de modernité, où l'individualisme et la technologie redéfinissent les relations, la quête d'une partenaire pour le mariage devient un défi complexe. Les attentes irréalistes, la superficialité des interactions et l'engagement transactionnel peuvent rendre difficile l'établissement de relations profondes et durables.

Cependant, cette réalité ne doit pas être perçue comme une fatalité. En prenant conscience des défis contemporains, les individus peuvent adopter une approche plus éclairée de leurs relations, réaffirmant ainsi la valeur du mariage comme une union sacrée et enrichissante.

CHAPITRE 3

LES ATTENTES SOCIALES ET CULTURELLES

Dans le contexte actuel, le mariage est profondément influencé par des attentes sociales et culturelles qui varient d'une société à l'autre et évoluent au fil du temps. Ces attentes façonnent non seulement la manière dont les individus envisagent le mariage, mais également la nature des relations interpersonnelles. Ce chapitre se penchera sur deux aspects cruciaux des attentes sociales : les rôles de genre redéfinis et les pressions familiales et communautaires qui pèsent sur les individus dans leur quête d'une partenaire.

Les rôles de genre redéfinis

Historiquement, les rôles de genre ont été clairement définis, avec des attentes précises concernant le comportement et les responsabilités des hommes et des femmes.

Dans de nombreuses cultures, le mariage était perçu comme un cadre dans lequel l'homme était le pourvoyeur et la femme le foyer. Ces stéréotypes de genre, bien que profondément ancrés, ont été remis en question au cours des dernières décennies, notamment par les mouvements féministes et l'évolution des mentalités concernant l'égalité des sexes.

Aujourd'hui, les rôles de genre deviennent de plus en plus fluides, permettant aux individus d'exprimer leur identité de manière plus authentique.

Les femmes s'affirment dans des rôles traditionnellement masculins, que ce soit dans le monde professionnel ou dans les sphères de leadership. À l'inverse, les hommes sont encouragés à embrasser des comportements émotionnellement sensibles et à partager les responsabilités domestiques.

Cette redéfinition des rôles de genre a des implications profondes pour le mariage, car elle invite les partenaires à établir des dynamiques relationnelles basées sur l'égalité et le respect mutuel.

Cependant, cette évolution des rôles de genre n'est pas sans défis. Les individus peuvent se heurter à des résistances tant au sein de leur propre famille qu'au sein de la société dans son ensemble.

Les attentes traditionnelles persistent, créant un fossé entre les aspirations modernes et les normes ancestrales. Les couples peuvent se retrouver dans des situations de tension, où les attentes de l'un ne correspondent pas à celles de l'autre. Cela peut engendrer des conflits qui, s'ils ne sont pas résolus, peuvent nuire à la solidité de la relation.

De plus, la redéfinition des rôles de genre peut également susciter des sentiments d'incertitude.

Les partenaires peuvent se sentir perdus face à des attentes floues concernant leurs responsabilités respectives. La pression pour performer selon des normes sociales perturbées peut créer un climat de stress et d'anxiété, rendant difficile l'établissement d'une relation harmonieuse.

C'est dans ce contexte que la communication ouverte et honnête devient essentielle pour naviguer dans les eaux troubles des rôles de genre modernes.

Les pressions familiales et communautaires

Outre les rôles de genre, les pressions familiales et communautaires jouent un rôle déterminant dans la manière dont les individus perçoivent le mariage et choisissent leurs partenaires.

Dans de nombreuses cultures, le mariage est considéré comme une affaire de famille, où l'approbation des parents et des proches est cruciale. Cette dynamique peut engendrer des attentes qui peuvent être à la fois bénéfiques et contraignantes.

Les familles traditionnelles ont souvent des normes et des valeurs précises en matière de mariage.

Elles peuvent envisager des arrangements basés sur des considérations de statut social, de patrimoine ou de l'héritage culturel. Dans ce contexte, les pressions familiales peuvent être sévères, contraignant les individus à choisir des partenaires qui répondent à des critères spécifiques, parfois au détriment de leur bonheur personnel.

Ce phénomène est particulièrement visible dans certaines cultures où les mariages arrangés sont encore monnaie courante.

Dans les sociétés modernes, bien que l'individualisme soit valorisé, les pressions communautaires subsistent.

Les individus peuvent ressentir le besoin de se conformer aux attentes de leur cercle social, que ce soit en termes de choix de partenaire, de style de vie ou d'engagement. Ce besoin de validation externe peut créer des tensions internes, où les individus se sentent tiraillés entre leurs désirs personnels et les attentes de leur communauté.

Les réseaux sociaux jouent également un rôle dans cette dynamique, amplifiant les pressions que ressentent les individus pour se conformer à des normes et à des modèles de réussite relationnelle.

Les images idéalisées de couples heureux et de mariages parfaits peuvent exacerber les sentiments d'insuffisance et de doute. Les individus peuvent se voir confrontés à des attentes irréalistes, qui les poussent à remettre en question la valeur de leur propre relation ou à craindre de ne pas répondre aux normes établies.

Conclusion de ce chapitre

Les attentes sociales et culturelles constituent un terrain complexe sur lequel évoluent les relations modernes. Les rôles de genre redéfinis offrent de nouvelles possibilités d'épanouissement, mais également des défis en matière de communication et de compréhension mutuelle.

Les pressions familiales et communautaires, quant à elles, peuvent soit renforcer les liens, soit créer des tensions qui entravent l'épanouissement personnel. Dans ce contexte, il est impératif que les individus apprennent à naviguer dans ces attentes, en cultivant une communication ouverte et en cherchant à établir des bases solides pour leurs relations, fondées sur la compréhension et l'acceptation mutuelles.

CHAPITRE 4

LA DIMENSION SPIRITUELLE DU MARIAGE

Le mariage, en tant qu'institution sacrée, transcende les simples aspects sociaux et culturels. Dans de nombreuses traditions religieuses, et en particulier dans le christianisme, le mariage est perçu comme une alliance divine, une union bénie par Dieu qui doit être nourrie par des principes spirituels profonds.

Ce chapitre explorera la dimension spirituelle du mariage en s'appuyant sur les enseignements bibliques concernant l'amour et l'engagement, ainsi que l'importance de la crainte de Dieu comme fondement d'une relation solide.

Les enseignements bibliques sur l'amour et l'engagement

La Bible regorge de passages qui mettent en lumière la nature sacrée de l'amour et de l'engagement dans le mariage. L'une des déclarations les plus puissantes au sujet de l'amour se trouve dans le livre des Corinthiens :

« L'amour est patient, il est plein de bonté ; l'amour n'envie point, il ne se vante point, il ne s'enfle point d'orgueil ; il ne fait rien de mal à personne, il ne cherche point son propre intérêt, il ne s'irrite point, il ne soupçonne point le mal » (1 Corinthiens 13 :4-5). Ce passage n'énonce pas seulement les qualités de l'amour, mais constitue également un guide précieux pour les couples cherchant à bâtir une relation solide et durable.

Les enseignements de Jésus sur l'amour sont également fondamentaux.

Dans l'Évangile selon Jean, il déclare : *« Aimez-vous les uns les autres comme je vous ai aimés »* (Jean 15 :12). Cet appel à l'amour inconditionnel et à l'engagement réciproque devrait être au cœur des relations conjugales. Le mariage, qui est une réflexion de l'union entre Christ et l'Église, doit être nourri par cet amour authentique et désintéressé.

L'engagement, tel qu'il est présenté dans les Écritures, va au-delà d'une simple promesse prononcée lors d'une cérémonie. Il est ancré dans une volonté consciente de se dévouer l'un à l'autre, dans les bons comme dans les mauvais moments.

Le livre de Ruth nous offre un exemple poignant de cet engagement : *« Où tu iras, j'irai ; où tu resteras, je resterai. Ton peuple est mon peuple, et ton Dieu est mon Dieu »* (Ruth 1 :16). Ce passage illustre la profondeur de l'engagement qui doit caractériser une relation maritale, un engagement qui transcende les circonstances et les défis.

La crainte de Dieu comme fondement d'une relation solide

La crainte de Dieu joue un rôle central dans la construction d'une relation solide et épanouissante. Dans le livre des Proverbes, il est écrit :

« La crainte de l'Éternel est le commencement de la sagesse » (Proverbes 9 :10). Cette sagesse, lorsqu'elle est appliquée au mariage, permet aux couples de naviguer à travers les défis et les épreuves avec discernement et humilité.

La crainte de Dieu implique une reconnaissance de Sa souveraineté et de Son plan pour nos vies. Dans une relation de couple, cela se traduit par une volonté de placer Dieu au centre de l'union.

Ce positionnement spirituel permet aux partenaires de se rappeler que leur mariage n'est pas simplement une affaire entre deux personnes, mais une alliance sacrée devant le Créateur.

Cette dimension spirituelle crée un cadre propice à l'amour, au pardon et à la réconciliation, des éléments essentiels pour surmonter les conflits et les malentendus qui peuvent survenir.

De plus, la crainte de Dieu encourage les couples à cultiver des attitudes de service et d'humilité l'un envers l'autre. Dans Ephésiens 5 :21, Paul exhorte : « Soumettez-vous les uns aux autres dans la crainte de Christ. » Cette soumission mutuelle, fondée sur le respect et l'amour, est un pilier essentiel d'une relation équilibrée. Les partenaires apprennent à valoriser les besoins et les désirs de l'autre, renforçant ainsi leur lien.

Enfin, la prière constitue un instrument puissant pour nourrir cette dimension spirituelle du mariage. En priant ensemble, les couples peuvent chercher la direction de Dieu, demander des conseils dans les moments difficiles et remercier pour les bénédictions reçues. La prière crée un espace d'intimité et de vulnérabilité, permettant aux partenaires d'approfondir leur compréhension mutuelle et de renforcer leur engagement.

Conclusion de ce chapitre

La dimension spirituelle du mariage est un élément incontournable pour établir une relation durable et épanouissante. Les enseignements bibliques sur l'amour et l'engagement offrent des principes fondamentaux qui permettent aux couples de construire des fondations solides.

De plus, la crainte de Dieu, en tant que guide spirituel, incite les partenaires à s'engager mutuellement dans une relation de respect, de service et d'humilité. En intégrant ces éléments dans leur union, les couples peuvent non seulement surmonter les défis inhérents à toute relation, mais également s'épanouir dans une communion profonde et authentique.

CHAPITRE 5

LES OBSTACLES A LA RENCONTRE

La quête d'une partenaire pour le mariage, bien que remplie d'espoir et de promesses, est souvent entravée par une multitude d'obstacles.

Parmi ceux-ci, la peur des risques et les traumatismes passés jouent un rôle prépondérant, influençant les choix des individus dans leur recherche d'amour et d'engagement. Ce chapitre explorera ces deux obstacles majeurs, en analysant comment ils façonnent les dynamiques relationnelles contemporaines.

La peur des risques

La peur des risques est une émotion universelle qui peut paralyser les individus dans leur quête amoureuse. Dans un monde où l'incertitude est omniprésente, le choix d'entrer dans une relation sérieuse est souvent perçu comme un acte risqué.

Les individus peuvent craindre les conséquences émotionnelles d'un engagement : la possibilité de souffrir, de se retrouver déçus ou d'être trahis. Cette appréhension peut s'avérer particulièrement intense dans une société où les histoires de ruptures et de divorces sont courantes, renforçant l'idée que l'amour véritable est une quête complexe et parfois douloureuse.

Ce climat de peur peut conduire à une stratégie d'autoprotection, où les individus choisissent de garder leurs distances émotionnelles pour éviter toute vulnérabilité.

Le résultat est une approche transactionnelle des relations, où l'on privilégie les interactions superficielles plutôt que les connexions profondes.

La peur de l'engagement peut également se manifester par l'évitement, où les individus se retrouvent pris dans un cycle de rencontres sans lendemain, incapables de s'engager réellement dans une relation qui pourrait potentiellement les enrichir.

Par ailleurs, la peur des risques est souvent exacerbée par les attentes irréalistes que l'on peut avoir sur les relations. La culture moderne, renforcée par les médias et les réseaux sociaux, promeut souvent une vision idéalisée de l'amour.

Les histoires romantiques mettant en avant des relations parfaites peuvent créer des attentes qui semblent impossibles à atteindre, amenant les individus à douter de leur capacité à trouver une partenaire qui corresponde à cette image.

Ce décalage entre l'idéal et la réalité contribue à alimenter la peur de l'échec et, par conséquent, à dissuader les individus de s'engager véritablement.

Les traumatismes passés et leur impact sur les choix des conjoints

Les traumatismes passés constituent un autre obstacle majeur dans la recherche d'une partenaire.

Les expériences douloureuses, qu'elles soient liées à des ruptures difficiles, à des abus émotionnels ou à des relations toxiques, peuvent laisser des cicatrices profondes. Ces blessures émotionnelles peuvent influencer les perceptions et les comportements des individus dans leurs relations futures.

Lorsque des personnes ont vécu des traumatismes dans le passé, elles peuvent développer des mécanismes de défense qui les poussent à se méfier des autres, à éviter les relations sérieuses ou à reproduire des schémas dysfonctionnels.

Par exemple, une personne ayant subi une trahison dans une relation antérieure peut éprouver des difficultés à faire confiance à un nouveau partenaire, ce qui peut entraîner des conflits et des malentendus.

Ce manque de confiance peut également se manifester par des comportements de jalousie, des attentes exagérées ou une hypervigilance, nuisibles à l'harmonie de la relation.

De plus, les traumatismes non résolus peuvent amener les individus à choisir des partenaires qui reflètent des schémas de relations dysfonctionnelles.

Parfois, les personnes attirées par des comportements familiers, même s'ils sont néfastes, peuvent inconsciemment rechercher des partenaires qui reproduisent les dynamiques de leurs précédentes relations.

Cela crée un cycle de souffrance et d'insatisfaction, où les individus se retrouvent piégés dans des relations qui ne leur apportent pas le bonheur escompté.

Il est également essentiel de reconnaître que le processus de guérison des traumatismes est souvent long et complexe.

Les individus doivent non seulement faire face à leurs blessures, mais également apprendre à développer des stratégies saines pour établir des relations positives. La thérapie, le soutien communautaire et la prière peuvent jouer un rôle crucial dans ce processus, permettant aux individus de reconstruire leur estime de soi et de développer des compétences relationnelles équilibrées.

Conclusion de ce chapitre

Les obstacles à la rencontre, qu'ils soient liés à la peur des risques ou aux traumatismes passés, représentent des défis significatifs dans la quête d'une partenaire pour le mariage. En prenant conscience de ces dynamiques, les individus peuvent travailler à surmonter leurs peurs et à guérir leurs blessures émotionnelles, ouvrant ainsi la voie à des relations plus saines et épanouissantes. Un engagement envers la croissance personnelle, associé à une volonté de se connecter authentiquement avec les autres, peut transformer ces obstacles en opportunités de développement et d'épanouissement dans la vie amoureuse.

CHAPITRE 6

STRATEGIES POUR TROUVER UNE FEMME A EPOUSER

Dans un monde complexe où les relations amoureuses sont souvent marquées par des défis variés, il est essentiel d'adopter des stratégies réfléchies pour trouver une partenaire avec qui s'engager durablement.

Ce chapitre se concentre sur deux éléments cruciaux qui favorisent la formation de relations solides : l'importance de la communication et le rôle des valeurs partagées.

Ces deux aspects sont fondamentaux non seulement pour la construction d'un lien authentique, mais aussi pour la pérennité d'une relation amoureuse.

L'importance de la communication

La communication est souvent décrite comme le pilier des relations humaines. Elle est le fondement sur lequel repose la compréhension mutuelle et la résolution des conflits. Dans le cadre d'un mariage, une communication efficace est essentielle pour naviguer à travers les hauts et les bas de la vie conjugale.

1. Écoute active

L'écoute active est un élément fondamental de la communication. Elle implique non seulement d'entendre les mots de l'autre, mais aussi de comprendre les sentiments et les intentions qui les sous-tendent.

Pour établir une connexion authentique avec une partenaire potentielle, il est crucial d'apprendre à écouter avec attention, sans interruption ni jugement. Cela permet à l'autre de se sentir valorisée et respectée.

Les techniques d'écoute active incluent la reformulation et la validation des sentiments. Par exemple, lorsque votre partenaire exprime une préoccupation ou une frustration, reformuler ce qu'elle a dit pour montrer que vous comprenez son point de vue peut renforcer la confiance et l'empathie dans la relation. Dire des phrases comme : « Je comprends que cela te fasse sentir frustrée » aide à créer un espace où l'autre se sent libre d'exprimer ses émotions.

2. Communication ouverte et honnête

Au-delà de l'écoute, la communication ouverte et honnête est indispensable pour établir une relation solide. Cela signifie être capable de partager ses pensées, ses désirs et ses préoccupations sans crainte de jugement. Une telle transparence favorise la confiance et permet aux partenaires d'aborder les problèmes de manière constructive.

Il est essentiel d'aborder les sujets délicats avec délicatesse. Parfois, des conversations difficiles peuvent aboutir à des désaccords.

Toutefois, il est crucial de gérer ces différences avec respect. Utiliser des *"je" plutôt* que des *"tu"* pour exprimer ses sentiments aide à éviter les accusations et à encourager un dialogue productif.

Par exemple, dire « *Je me sens triste quand...* » plutôt que « Tu me rends triste quand... » peut réduire la défensive de l'autre et faciliter une discussion constructive.

3. Résolution de conflits

Les conflits sont inévitables dans toute relation. L'important est de savoir comment les gérer.

Une communication efficace est cruciale pour la résolution de conflits. Cela inclut la capacité à aborder les problèmes de manière calme et rationnelle, à faire preuve d'empathie et à chercher des solutions qui conviennent aux deux parties.

Utiliser des techniques de résolution de conflits, telles que le compromis et la négociation, peut transformer une dispute potentiellement destructrice en une opportunité de croissance pour le couple.

La clé est de rester centré sur le problème à résoudre, plutôt que de laisser les émotions prendre le dessus. En se concentrant sur les intérêts et les besoins de chacun, les partenaires peuvent souvent trouver des solutions qui renforcent leur lien et leur compréhension mutuelle.

Les valeurs partagées comme base d'une relation durable

Les valeurs partagées constituent le socle sur lequel repose une relation saine et durable.

Les valeurs englobent tout, depuis les croyances fondamentales sur la vie et la famille jusqu'aux préférences personnelles en matière de style de vie.

Lorsque les partenaires partagent des valeurs similaires, ils sont plus susceptibles de s'entendre sur des questions essentielles et de construire une vie commune harmonieuse.

1. Identifier ses propres valeurs

Avant de rechercher une partenaire, il est essentiel de réfléchir à ses propres valeurs.

Quelles sont les convictions qui guident votre vie ? Quelles sont les priorités que vous souhaitez établir dans une relation ?

En comprenant d'abord ce qui est important pour vous, vous serez mieux préparé à identifier une partenaire potentielle qui partage ces valeurs.

Prendre du temps pour une introspection approfondie peut s'avérer bénéfique. Écrire ses valeurs dans un journal, en discuter avec des amis proches ou un mentor peut aider à clarifier vos pensées.

Une fois que vous avez identifié vos valeurs fondamentales, vous pouvez les utiliser comme un guide pour naviguer dans vos relations.

2. Chercher des valeurs communes

Lorsque vous rencontrez une partenaire potentielle, il est crucial d'évaluer les valeurs qu'elle défend. Partager des valeurs fondamentales — qu'il s'agisse de la famille, de la foi, du travail ou de la manière de gérer les finances — peut considérablement renforcer la compatibilité.

Les partenaires qui partagent des objectifs de vie similaires sont plus susceptibles de travailler ensemble pour atteindre ces objectifs.

Les discussions sur les valeurs doivent être abordées dès le début de la relation. Cela peut se faire de manière informelle, par le biais de conversations approfondies, ou plus formellement, en posant des questions directes sur les croyances et les priorités de l'autre.

Par exemple, interroger sur les opinions concernant l'éducation des enfants ou les valeurs spirituelles peut révéler des compatibilités importantes.

3. Ajustements et compromis

Il est important de noter que même lorsque des valeurs fondamentales sont partagées, des ajustements et des compromis peuvent être nécessaires.

La vie est pleine de nuances, et il est peu probable que deux personnes partagent exactement les mêmes opinions sur chaque question. Les couples doivent être prêts à discuter des divergences de valeurs et à trouver des solutions qui respectent les besoins de chacun.

La capacité à faire des compromis est essentielle pour une relation durable. Cela nécessite une communication ouverte et un désir sincère d'atteindre un terrain d'entente. En étant flexibles et en cherchant à comprendre le point de vue de l'autre, les partenaires peuvent renforcer leur relation tout en respectant leurs valeurs respectives.

Conclusion de ce chapitre

Trouver une femme à épouser nécessite une approche réfléchie et stratégique qui intègre l'importance de la communication et des valeurs partagées.

En cultivant une communication ouverte et en s'engageant dans une écoute active, les couples peuvent construire une base solide pour leur relation. Parallèlement, en identifiant et en recherchant des valeurs communes, ils créent un environnement propice à l'épanouissement mutuel.

Ces éléments, bien que simples en théorie, nécessitent un engagement constant et une volonté d'apprendre et de grandir ensemble

. Avec ces stratégies en main, les individus peuvent non seulement améliorer leurs chances de trouver une partenaire compatible, mais également établir une relation qui dure et s'épanouit dans le temps.

Le constat naît depuis la promotion de certaines déviances intercommunautaires. Les femmes sont laissées pour compte. Quoi vous en semble selon les Saintes Ecritures, peut-on trouver une thérapie appropriée ?

CHAPITRE 7

TEMOIGNAGES ET RECITS DE SUCCES

L'histoire des relations humaines est parsemée de récits inspirants qui illustrent comment des couples ont réussi à surmonter des défis en s'appuyant sur leur foi, leur engagement mutuel et le soutien de leur communauté. Dans ce chapitre, nous examinerons des exemples de couples bibliques qui ont traversé des épreuves, ainsi que l'importance de la foi et de la communauté dans la quête amoureuse. Ces témoignages nous rappellent que, malgré les difficultés, l'amour véritable et l'engagement peuvent triompher.

1. Couples bibliques qui ont surmonté des défis

1.1. Abraham et Sarah

L'un des récits les plus emblématiques de la Bible est celui d'Abraham et Sarah. Leur histoire commence avec un appel divin : Dieu demande à Abraham de quitter son pays natal pour se rendre vers une terre promise. Ce voyage, qui nécessite un immense courage et une profonde foi, est le cadre de leur relation.

Cependant, le chemin de leur amour n'a pas toujours été facile. Sarah, en particulier, a dû faire face à l'incertitude de ne pas avoir d'enfants, ce qui était un fardeau culturel et émotionnel immense à l'époque. Dans sa détresse, elle a proposé à Abraham d'avoir un enfant avec sa servante Agar, une décision qui a conduit à des tensions au sein du couple.

Malgré ces défis, leur foi inébranlable en Dieu a joué un rôle crucial dans la survie de leur mariage. Dieu a promis à Abraham que ses descendants seraient aussi nombreux que les étoiles du ciel, et malgré leur âge avancé, Sarah a finalement donné naissance à Isaac. Cette naissance est devenue le symbole de la promesse divine et de la capacité de surmonter les épreuves par la foi. Leur histoire illustre que la patience, la foi et l'engagement mutuel peuvent triompher des défis les plus intimidants.

1.2. Ruth et Booz

L'histoire de Ruth et Booz est un autre exemple poignant de surmonter les obstacles par la foi et l'engagement. Ruth, une Moabite, a épousé un Israélite, mais après la mort de son mari, elle se retrouve dans une situation précaire. Au lieu de retourner chez elle, elle choisit de rester avec sa belle-mère Naomi, en lui promettant : « *Où tu iras, j'irai ; où tu resteras, je resterai. Ton peuple est mon peuple, et ton Dieu est mon Dieu* » (Ruth 1 :16).

Cette déclaration illustre non seulement l'engagement de Ruth envers Naomi, mais aussi son choix délibéré de suivre le Dieu d'Israël. En retournant à Bethléhem avec Naomi, Ruth fait face à des défis considérables en tant qu'étrangère dans une nouvelle culture. Cependant, elle montre une incroyable détermination en travaillant dans les champs de Booz, un parent de Naomi.

Booz, voyant la bonté et la fidélité de Ruth, finit par l'épouser, devenant ainsi un exemple de rédemption. Leur histoire incarne l'idée que la foi, l'engagement et le soutien à autrui peuvent transformer des vies. Leur union est également significative dans la lignée de David, montrant comment des choix courageux et des actes de foi peuvent avoir des répercussions à long terme.

1.3. Marie et Joseph

L'histoire de Marie et Joseph est un autre exemple de résilience face à l'adversité. Leur engagement commence dans des circonstances extraordinaires, lorsque Marie, une jeune fille, reçoit la nouvelle qu'elle concevra le Fils de Dieu. Face à l'angoisse potentielle et au stigmate social, Joseph est confronté à un dilemme. En apprenant qu'elle est enceinte, il envisage de la quitter discrètement, mais une intervention divine change son cœur.

L'ange du Seigneur lui apparaît dans un rêve, lui révélant la nature divine de l'enfant à venir. Joseph accepte alors de prendre Marie comme sa femme, montrant une immense foi et un engagement envers sa famille naissante. Leur histoire témoigne de la puissance de la foi et du soutien mutuel dans la création d'une famille. Ensemble, ils surmontent les défis, de la naissance de Jésus à la fuite en Égypte pour échapper à la colère du roi Hérode.

Leur engagement et leur foi en Dieu leur permettent de traverser ces épreuves. Marie et Joseph incarnent l'idée que l'amour véritable repose sur la confiance, la foi et le soutien mutuel, même dans les moments les plus difficiles.

2. Le rôle de la foi dans la quête amoureuse

La foi joue un rôle crucial dans la quête amoureuse, car elle offre des fondements spirituels sur lesquels les couples peuvent construire leur relation. Les croyants considèrent souvent que la foi est l'élément central qui guide leur vie, y compris leurs choix amoureux.

2.1. La prière comme outil de guidance

Dans de nombreuses traditions religieuses, la prière est un moyen de chercher la guidance divine dans tous les aspects de la vie, y compris le mariage. Les couples peuvent prier ensemble pour leur relation, pour demander la sagesse dans leurs décisions et pour renforcer leur lien.

La prière commune crée un espace sacré où les partenaires peuvent exprimer leurs préoccupations, leurs désirs et leurs besoins. Cette pratique renforce non seulement leur connexion spirituelle, mais aussi leur lien émotionnel. En se tournant vers Dieu pour obtenir des conseils, les couples apprennent à s'appuyer sur une force supérieure, ce qui leur permet de surmonter les défis avec foi et confiance.

2.2. Le soutien de la communauté

La communauté joue également un rôle essentiel dans la quête amoureuse. Les relations humaines ne se développent pas dans un vide ; elles sont souvent influencées par le soutien et les encouragements des autres. Dans les contextes religieux, les communautés de foi peuvent offrir un soutien émotionnel, des conseils et des encouragements aux couples.

Les groupes de couples, les études bibliques et les retraites spirituelles sont autant d'opportunités pour les partenaires de se rassembler avec d'autres couples partageant des valeurs similaires. Ce soutien communautaire peut fournir un espace sûr pour discuter des défis relationnels et recevoir des conseils pratiques. Les histoires d'autres couples qui ont traversé des épreuves peuvent inspirer et encourager ceux qui sont en quête d'amour.

3. Témoignages modernes de couples qui ont surmonté des défis

Les récits bibliques sont inspirants, mais il est également utile de considérer des témoignages contemporains de couples qui ont surmonté des défis dans leur quête d'amour. Ces histoires modernes peuvent fournir des perspectives et des leçons pertinentes pour ceux qui cherchent à bâtir des relations durables.

3.1. Le pouvoir de la réconciliation

Prenons l'exemple de Jean et Claire, un couple qui a traversé une période difficile de séparation. Après plusieurs années de mariage, ils se sont éloignés en raison de la perte d'un emploi et des tensions financières. Jean, blessé par cette situation, a commencé à développer des comportements d'évitement, tandis que Claire se sentait incomprise et dévaluée.

Après une période de réflexion personnelle et de prière, Jean a décidé de demander de l'aide pour surmonter ses difficultés. Avec l'appui d'un conseiller conjugal et de leur communauté de foi, le couple a appris à communiquer ouvertement sur leurs sentiments. Ils ont rétabli leur connexion en partageant leurs luttes, leurs espoirs et leurs rêves pour l'avenir.

Leur parcours souligne l'importance de la réconciliation et de la volonté de travailler ensemble face à l'adversité. Grâce à leur engagement respectif et à leur foi commune, ils ont réussi à reconstruire leur mariage sur des bases solides, devenant un exemple inspirant pour d'autres couples en difficulté.

3.2. L'importance de la compatibilité des valeurs

Un autre témoignage frappant est celui de Sophie et Pierre, qui se sont rencontrés lors d'un événement communautaire. Au départ, leur attirance mutuelle était évidente, mais au fil des rencontres, ils ont réalisé qu'ils avaient des valeurs très différentes sur des questions fondamentales telles que la gestion financière et les perspectives sur la famille.

Au lieu d'ignorer ces différences, ils ont décidé d'en discuter ouvertement. Grâce à des conversations honnêtes et respectueuses, ils ont pu explorer leurs valeurs respectives et identifier des compromis réalisables. Cette démarche leur a permis non seulement de renforcer leur relation, mais aussi de s'assurer qu'ils étaient sur la même longueur d'onde avant de s'engager davantage.

Sophie et Pierre illustrent la nécessité de la compatibilité des valeurs dans la quête amoureuse. Leur histoire montre que des différences peuvent être surmontées avec une communication ouverte et un engagement à comprendre le point de vue de l'autre.

4. Conclusion

Les témoignages de couples, qu'ils soient issus de la Bible ou de la vie moderne, révèlent des vérités universelles sur l'amour, l'engagement et la foi. Les couples qui ont surmonté des défis avec succès démontrent que, même face à l'adversité, la foi et le soutien communautaire peuvent jouer un rôle déterminant dans la construction de relations solides et durables.

Ces récits nous rappellent que chaque couple est unique, avec ses propres défis et ses propres histoires. En s'appuyant sur la foi, en cultivant des valeurs partagées et en recherchant le soutien de leur communauté, les individus peuvent naviguer avec succès dans leur quête amoureuse, transformer les obstacles en opportunités et bâtir des unions enrichissantes.

CHAPITRE 8

CONCLUSION ET APPEL A L'ACTION

Alors que nous clôturons notre exploration des défis et des dynamiques modernes liés à la quête d'une partenaire pour le mariage, il est essentiel de prendre un moment pour réfléchir à nos attentes et priorités. Ce chapitre final a pour but de synthétiser les enseignements tirés des chapitres précédents et d'appeler à une action concrète pour construire un avenir matrimonial enrichissant et durable. En réévaluant nos attentes et en posant des bases solides, nous pouvons naviguer dans le monde complexe des relations amoureuses avec confiance et sagesse.

1. Réévaluer nos attentes et nos priorités

La première étape pour construire une relation saine et durable consiste à réévaluer nos attentes et priorités. Dans un monde où l'individualisme et les influences extérieures façonnent nos perceptions de l'amour et du mariage, il est crucial de faire un retour sur soi et de s'interroger sur ce qui est vraiment important.

1.1. Identifier les attentes irréalistes

L'un des principaux obstacles à la réussite des relations amoureuses réside dans les attentes irréalistes que nous plaçons sur nos partenaires. Souvent, ces attentes sont influencées par des facteurs externes tels que les normes sociales, les médias ou notre éducation. Les films romantiques, par exemple, peuvent nous amener à croire que l'amour véritable est synonyme de passion constante et d'absence de conflits.

Il est impératif de reconnaître que toute relation humaine est un mélange de moments de joie et de défis. Les attentes irréalistes peuvent mener à des déceptions et à une insatisfaction chronique. En prenant le temps de réfléchir à ce que nous attendons réellement de notre partenaire, nous pouvons commencer à identifier ces attentes et à les ajuster en conséquence.

Questions à se poser :

- Quelles sont les qualités essentielles que je recherche chez un partenaire ?

- Suis-je influencé par des idéaux romantiques irréalistes ?

- Comment puis-je apprécier les imperfections naturelles de l'autre sans que cela ne nuise à notre relation ?

1.2. Établir des priorités claires

Une fois que nous avons identifié nos attentes, il est temps de définir nos priorités dans une relation. Qu'est-ce qui est vraiment important pour nous ? Cela peut inclure des valeurs fondamentales telles que la fidélité, le respect, la communication ou la compatibilité spirituelle. En établissant ces priorités, nous pouvons orienter nos choix amoureux vers des individus qui partagent des valeurs similaires.

Il est également essentiel de prendre en compte la dynamique de vie que nous souhaitons créer avec notre partenaire. Cela inclut des éléments tels que la planification familiale, les carrières, l'éducation et les loisirs. En ayant des priorités claires, nous sommes mieux équipés pour choisir un partenaire qui correspond à notre vision de l'avenir.

Exercice pratique :

Rédigez une liste de vos valeurs et priorités en matière de relation. Classez-les par ordre d'importance. Partagez cette liste avec un ami de confiance ou un mentor pour obtenir des retours constructifs.

2. Construire un avenir matrimonial basé sur des principes solides

La seconde étape pour réussir dans la quête amoureuse consiste à construire un avenir matrimonial sur des principes solides. Cela implique une démarche proactive, une volonté d'apprendre et un engagement envers la croissance personnelle et mutuelle.

2.1. L'engagement envers la croissance personnelle

Le mariage ne doit pas être perçu comme une fin en soi, mais plutôt comme un cheminement continu. L'engagement envers la croissance personnelle est essentiel pour bâtir une relation durable. Cela signifie investir du temps et de l'énergie dans notre propre développement, que ce soit sur le plan émotionnel, spirituel ou intellectuel.

En cultivant des passe-temps, en poursuivant des études ou en s'engageant dans des activités qui favorisent notre épanouissement personnel, nous nous préparons à devenir des partenaires plus aimants et attentifs. La croissance personnelle renforce également notre résilience face aux défis inévitables que nous rencontrerons en tant que couple.

2.2. La construction d'une communication saine

Une communication ouverte et honnête est un élément fondamental d'une relation réussie. Les couples doivent apprendre à exprimer leurs sentiments, leurs préoccupations et leurs besoins de manière constructive. Cela nécessite un engagement mutuel à écouter activement et à valider les émotions de l'autre.

Il est également important d'établir des routines de communication régulières. Que ce soit par le biais de discussions informelles pendant un repas ou de réunions plus formelles pour aborder des sujets cruciaux, maintenir un dialogue ouvert renforce la connexion et prévient l'accumulation de ressentiments.

Exercice pratique :

Fixez un moment hebdomadaire pour discuter de vos sentiments, de vos pensées et de votre vision de l'avenir en tant que couple. Utilisez cette occasion pour aborder tout problème ou préoccupation qui pourrait survenir.

2.3. La foi comme fondement

Pour de nombreux couples, la foi est un élément central de leur relation. Elle offre une perspective et un cadre qui transcendent les défis quotidiens. En plaçant leur relation sous la guidance divine, les couples peuvent trouver un sens plus profond à leur engagement.

La prière, la méditation et la participation à des activités spirituelles communes peuvent renforcer le lien spirituel entre les partenaires. En se tournant ensemble vers Dieu, les couples peuvent trouver la force nécessaire pour surmonter les obstacles et nourrir leur amour.

3. Appel à l'action

En conclusion, il est essentiel de passer à l'action pour concrétiser ces réflexions. Chacun d'entre nous a la capacité de transformer ses attentes et de construire une relation épanouissante. Voici quelques actions concrètes à envisager :

1. Faites un bilan de vos attentes : Prenez le temps de réfléchir à vos attentes et à vos priorités. Notez-les et partagez-les avec votre partenaire.

2. Engagez-vous dans la croissance personnelle : Identifiez un domaine dans lequel vous souhaitez grandir personnellement. Recherchez des ressources, des livres ou des activités qui peuvent vous aider dans ce processus.

3. Pratiquez la communication ouverte : Fixez des rendez-vous réguliers pour discuter de votre relation. Soyez honnête sur vos sentiments et vos préoccupations.

4. Priorisez votre spiritualité : Si vous êtes croyant, envisagez de prier ensemble régulièrement ou de participer à des activités spirituelles en couple. Cela peut renforcer votre lien et votre engagement mutuel.

5. Recherchez le soutien de la communauté : Entourez-vous d'amis et de mentors qui partagent vos valeurs. Le soutien communautaire peut être une source inestimable d'encouragement et de conseils.

Conclusion

La quête de l'amour et du mariage est un parcours unique qui nécessite une introspection, une volonté de grandir et un engagement envers des principes solides.

En réévaluant nos attentes et en construisant des fondations saines, nous pouvons naviguer avec sagesse dans les défis des relations modernes et bâtir des unions durables et épanouissantes. Que cette quête soit guidée par l'amour, la foi et le soutien mutuel, permettant ainsi à chaque couple de s'épanouir dans la beauté de leur engagement.

CHAPITRE 8

TROUVER UN HOMME SERIEUX A EPOUSER N'EST PAS
SI FACILE DE NOS JOURS

Introduction

Dans un monde en constante évolution, la dynamique des relations amoureuses et matrimoniales a subi des transformations significatives. Les femmes, jadis considérées comme les gardiennes des valeurs familiales, se retrouvent maintenant dans un contexte socioculturel qui complexifie leur quête d'un partenaire sérieux.

Alors que les normes traditionnelles de mariage et d'engagement sont remises en question, les femmes sont souvent déconcertées par la difficulté croissante de trouver un homme prêt à s'investir dans une relation durable. Ce chapitre se propose d'explorer les raisons de cette réalité contemporaine, en s'appuyant sur les enseignements des Saintes Écritures pour identifier des pistes de réflexion et des solutions.

1. Le constat des déviances intercommunautaires

1.1. Les mutations socioculturelles

Dans notre société moderne, les valeurs et les attentes en matière de mariage ont évolué. Les mouvements féministes, tout en ayant indéniablement contribué à l'émancipation des femmes, ont également modifié la perception du mariage. En mettant l'accent sur l'indépendance et l'autonomie, ces courants ont parfois laissé les femmes démunies face aux réalités du couple. Dans ce contexte, les relations amoureuses sont souvent perçues comme des transactions, où l'engagement à long terme est secondaire.

Les médias, en diffusant des représentations idéalisées des relations amoureuses, renforcent ces conceptions. Les couples modernes sont souvent présentés comme vivant dans un état d'évasion romantique, où les préoccupations profondes et l'engagement authentique sont relégués au second plan. Cette distorsion de la réalité amène de nombreuses femmes à se sentir comme des laissées-pour-compte, cherchant désespérément un homme qui partage leurs valeurs et leurs aspirations.

1.2. Les pressions sociales et communautaires

Les pressions sociales jouent également un rôle déterminant dans cette quête. Les réseaux sociaux, en exacerbant les attentes irréalistes et en mettant en avant une culture de l'apparence, créent des standards difficilement atteignables. Les femmes, en quête de validation, peuvent se retrouver piégées dans un cycle de rencontres superficielles, où l'authenticité est sacrifiée sur l'autel de l'instantanéité.

De plus, les femmes issues de communautés spécifiques peuvent faire face à des attentes culturelles complexes qui pèsent sur leur choix de partenaire. Les impératifs familiaux et la pression pour se conformer à des normes traditionnelles peuvent rendre la recherche d'un homme sérieux encore plus ardue. Dans certains cas, la crainte de décevoir sa famille ou la communauté peut engendrer des choix basés sur des attentes externes plutôt que sur des désirs personnels.

2. Les enseignements bibliques sur la quête d'un partenaire

Face à ces défis, il est essentiel de se tourner vers les Saintes Écritures pour trouver des principes et des éclairages qui peuvent guider les femmes dans leur quête de l'amour véritable. La Bible, riche en enseignements sur les relations humaines, offre des perspectives qui peuvent aider à naviguer dans les complexités modernes du mariage.

2.1. La valeur de l'attente et de la patience

Les Écritures soulignent l'importance de la patience dans la quête d'un partenaire. Dans Proverbes 18 :22, il est écrit : « *Celui qui trouve une femme trouve le bonheur ; c'est une grâce qu'il obtient de l'Éternel.* » Cette affirmation nous rappelle que le véritable amour est un don précieux de Dieu, et qu'il vaut la peine d'attendre le bon partenaire plutôt que de se précipiter dans une relation qui ne répond pas à nos attentes.

La patience est souvent perçue comme une vertu oubliée dans notre société actuelle, où l'immédiateté est valorisée. En adoptant une perspective biblique, les femmes sont encouragées à faire confiance au timing divin, à se concentrer sur leur développement personnel et à se préparer à accueillir un véritable partenaire dans leur vie.

2.2. La nécessité de la prière

La prière joue un rôle central dans la quête d'un partenaire. Les femmes sont encouragées à prier pour demander la sagesse et la direction de Dieu dans leurs choix relationnels. Dans Jacques 1:5, il est écrit : « Si quelqu'un d'entre vous manque de sagesse, qu'il la demande à Dieu, qui donne à tous libéralement et sans reproche, et elle lui sera donnée. »

En cherchant la guidance divine, les femmes peuvent cultiver une attitude de confiance et d'acceptation, sachant qu'elles sont soutenues dans leur parcours. La prière permet également de clarifier ses propres intentions et désirs, renforçant ainsi la connexion spirituelle avec l'autre.

3. Les défis de la rencontre d'un homme sérieux

3.1. La peur de l'engagement

L'une des raisons pour lesquelles il est difficile de trouver un homme sérieux à épouser réside dans la peur de l'engagement. De nombreux hommes, influencés par des modèles de relations dysfonctionnelles ou par la crainte de la perte de liberté, peuvent hésiter à s'engager pleinement. Cette réticence peut amener les femmes à se sentir frustrées et désillusionnées, se demandant si elles peuvent réellement espérer trouver un partenaire fiable.

Cette peur de l'engagement peut également être exacerbée par des expériences passées. Les hommes qui ont connu des ruptures douloureuses peuvent développer une méfiance envers les relations sérieuses, ce qui rend la rencontre d'un partenaire véritablement engagé encore plus difficile.

3.2. Les relations superficielles

Dans un monde où les rencontres en ligne sont devenues monnaie courante, il est fréquent de constater la prévalence de relations superficielles. De nombreux hommes peuvent rechercher des interactions sans lendemain, évitant ainsi l'engagement à long terme. Cela peut créer un environnement où les femmes se sentent piégées dans des relations qui ne répondent pas à leurs aspirations profondes.

Les applications de rencontre, tout en offrant des opportunités de connexion, peuvent également favoriser une culture de la consumérisation des relations. Les femmes peuvent se retrouver à naviguer dans un océan de choix, mais sans la garantie de trouver un homme sérieux prêt à s'engager.

4. Vers une thérapie appropriée

Face à ces défis, il est important d'envisager des solutions qui peuvent aider les femmes à naviguer dans le monde complexe des relations modernes. Cela inclut non seulement une réflexion personnelle, mais aussi des approches thérapeutiques susceptibles de favoriser la guérison et la croissance.

4.1. Thérapie individuelle et de couple

La thérapie peut offrir un espace sûr pour explorer les peurs, les blessures et les attentes. Pour les femmes, travailler avec un thérapeute peut les aider à comprendre les schémas relationnels qui les ont amenés à se sentir laissées pour compte. En identifiant et en abordant ces schémas, elles peuvent parvenir à une meilleure compréhension de leurs désirs et de leurs besoins.

De même, la thérapie de couple peut s'avérer précieuse pour ceux qui souhaitent renforcer leur relation. Les partenaires peuvent apprendre à communiquer de manière plus efficace et à développer des compétences pour surmonter les obstacles à l'engagement.

4.2. Groupes de soutien et de partage

Les groupes de soutien peuvent également jouer un rôle essentiel dans la quête d'un partenaire sérieux. En rejoignant des communautés de femmes partageant des expériences similaires, les participantes peuvent échanger des conseils, des encouragements et des témoignages inspirants. Cela crée un environnement où les femmes peuvent se sentir soutenues et comprises.

Les groupes de prière ou de réflexion spirituelle peuvent également offrir des ressources précieuses pour celles qui cherchent à renforcer leur connexion avec Dieu et à demander des conseils pour leur cheminement relationnel.

5. Conclusion

La quête d'un homme sérieux à épouser est une réalité complexe et souvent difficile à naviguer. Les déviances socioculturelles, les pressions communautaires et la peur de l'engagement sont autant de défis qui peuvent entraver cette recherche. Toutefois, en se tournant vers les enseignements bibliques, en adoptant une attitude de patience et de prière, et en explorant des approches thérapeutiques, les femmes peuvent trouver des solutions constructives à leurs préoccupations.

CHAPITRE 9

LA PROCEDURE DU MARIAGE SELON DIEU

Introduction

Le mariage est une institution divine, un engagement sacré établi par Dieu depuis la création. Dans les Saintes Écritures, le mariage n'est pas seulement perçu comme une union entre un homme et une femme, mais comme une alliance qui implique des responsabilités, des promesses et une dimension spirituelle profonde. Ce chapitre se propose d'explorer la procédure du mariage selon Dieu, en examinant les principes bibliques qui guident cette institution précieuse.

1. Le fondement du mariage dans la création

1.1. La création de l'homme et de la femme

La fondation du mariage se trouve dans le récit de la création, tel que présenté dans le livre de la Genèse. Dans Genèse 1 :27, il est écrit : *« Dieu créa l'homme à son image ; il le créa à l'image de Dieu. Il les créa homme et femme. »* Cette création simultanée de l'homme et de la femme souligne l'égalité et la complémentarité entre les deux sexes, établissant ainsi un cadre pour une relation harmonieuse.

Dans Genèse 2 :18, Dieu déclare : *« Il n'est pas bon que l'homme soit seul ; je lui ferai une aide semblable à lui. »* Cette affirmation révèle la volonté divine de créer des relations interpersonnelles, mettant en avant l'importance de la communion dans le mariage. L'homme et la femme sont appelés à se soutenir mutuellement, à collaborer et à construire ensemble une vie enrichissante.

1.2. La première union matrimoniale

Le premier mariage est célébré dans le jardin d'Éden, lorsque Dieu amène Eve à Adam. Dans Genèse 2 :24, il est écrit : *« C'est pourquoi l'homme quittera son père et sa mère, et s'attachera à sa femme, et ils deviendront une seule chair. »* Cette déclaration établit un principe fondamental du mariage : l'unité. Le mariage est une fusion de deux vies, deux identités, pour former une seule entité. Cette unité est sacrée et doit être respectée et protégée.

2. Les principes bibliques du mariage

2.1. L'amour et le respect mutuel

Au cœur de la procédure du mariage selon Dieu se trouve l'amour. Dans Éphésiens 5 :25, Paul exhorte les maris : *« Maris, aimez vos femmes, comme Christ a aimé l'Église et s'est livré lui-même pour elle. »* Cet amour est inconditionnel et désintéressé, illustrant le modèle d'amour que chaque mari doit adopter. La référence à l'amour du Christ pour l'Église souligne l'importance d'une relation sacrifiée et servante.

De même, le respect est essentiel dans le mariage. Dans Éphésiens 5:33, il est écrit : *« Que chacun de vous aime sa femme comme lui-même et que la femme respecte son mari. »* Le respect mutuel crée un environnement où les partenaires se sentent valorisés et écoutés, favorisant ainsi une relation saine et épanouissante.

2.2. La fidélité et l'engagement

La fidélité est un autre principe fondamental du mariage. Dans Hébreux 13 :4, il est dit : *« Que le mariage soit honoré de tous, et le lit conjugal exempt de souillure ; car Dieu jugera les impudiques et les adultères. »* Ce verset rappelle l'importance de la pureté et de la fidélité dans le mariage. L'engagement envers son partenaire est non seulement une promesse humaine, mais aussi un engagement devant Dieu.

L'engagement dans le mariage implique également une volonté de surmonter les défis et les épreuves. Les couples doivent être prêts à affronter les tempêtes de la vie ensemble, en s'appuyant sur leur foi et leur amour mutuel pour traverser les difficultés.

3. La préparation au mariage

3.1. L'importance de la prière

Avant d'entrer dans le mariage, la prière est un élément vital de la préparation. Dans Jacques 1 :5, il est dit : *« Si quelqu'un d'entre vous manque de sagesse, qu'il la demande à Dieu, qui donne à tous libéralement et sans reproche, et elle lui sera donnée. »* La prière permet aux futurs époux de chercher la direction de Dieu dans leur engagement et de demander sa sagesse pour établir une relation solide.

Les couples sont encouragés à prier ensemble, à demander des conseils spirituels et à s'assurer qu'ils sont en accord sur leurs valeurs et leurs objectifs avant de se marier. Cela crée une fondation spirituelle qui renforcera leur union.

3.2. La préparation spirituelle et émotionnelle

La préparation au mariage ne doit pas se limiter à l'aspect spirituel ; elle doit également inclure une préparation émotionnelle. Les futurs époux doivent prendre le temps de se connaître mutuellement, d'explorer leurs attentes, leurs rêves et leurs préoccupations. En apprenant à communiquer efficacement et à résoudre les conflits, ils posent des bases solides pour leur vie conjugale.

Les couples peuvent également bénéficier de conseils préconjugaux, qui abordent des thèmes tels que la gestion des finances, la communication, la planification familiale et la résolution des conflits. Ces discussions permettent d'éviter des malentendus et de renforcer leur engagement mutuel.

4. La cérémonie du mariage

4.1. L'engagement devant Dieu et la communauté

La cérémonie de mariage est une étape significative qui symbolise l'engagement public entre les deux partenaires. Dans le cadre d'une cérémonie chrétienne, cet engagement est souvent scellé par des vœux échangés devant Dieu et la communauté. Ces vœux représentent une promesse solennelle de s'aimer et de se soutenir mutuellement à travers toutes les épreuves de la vie.

L'importance de la communauté ne doit pas être sous-estimée. Les amis et la famille jouent un rôle essentiel en soutenant le couple dans leur engagement. L'encouragement et le soutien de la communauté renforcent la relation et aident les couples à faire face aux défis de la vie matrimoniale.

4.2. Les rites symboliques

Le mariage est souvent accompagné de rites symboliques qui illustrent l'union des deux partenaires. Ces rites peuvent varier selon les cultures, mais ils partagent tous une signification profonde. Par exemple, l'échange des alliances symbolise l'engagement éternel des partenaires l'un envers l'autre, tandis que le partage de la coupe peut représenter la communion spirituelle.

Ces rituels rappellent aux couples l'importance de leur promesse et leur engagement devant Dieu et devant leurs proches.

5. Vivre le mariage selon les principes de Dieu

5.1. L'importance du pardon

Dans la vie de couple, il est inévitable de faire face à des désaccords et des conflits. La clé pour surmonter ces épreuves réside dans la capacité à pardonner. Dans Colossiens 3 :13, il est écrit : « Supportez-vous les uns les autres et pardonnez-vous réciproquement, si l'un de vous a un sujet de plainte contre l'autre. Tout comme le Seigneur vous a pardonné, pardonnez-vous aussi. » Le pardon est un acte libérateur qui renforce les liens entre les partenaires et permet de surmonter les blessures.

5.2. La croissance et l'épanouissement

Le mariage selon Dieu est un chemin de croissance personnelle et spirituelle. Les partenaires doivent s'encourager mutuellement à poursuivre leurs rêves, à développer leurs talents et à s'engager dans des activités qui les nourrissent. Dans Éphésiens 4 :15, il est écrit : *« Mais en disant la vérité dans l'amour, nous croîtrons à tous égards en celui qui est le chef, Christ. »* Cette croissance commune renforce l'union et permet au couple de s'épanouir ensemble.

Conclusion

La procédure du mariage selon Dieu est un processus sacré qui repose sur des principes bibliques d'amour, de respect, de fidélité et d'engagement. En s'appuyant sur les enseignements des Saintes Écritures, les couples peuvent naviguer à travers les défis de la vie conjugale avec foi et détermination. Le mariage, loin d'être une simple institution, est une alliance divine qui appelle à la communion, à la croissance et à l'épanouissement. En plaçant Dieu au centre de leur union, les couples peuvent bâtir une vie commune riche et significative, ancrée dans l'amour et la vérité.